König Nußknacker und der arme Reinhold

Ein Kindermährchen in Bildern

AF530014

Heinrich Hoffmann

Alpha Editions

This edition published in 2022

ISBN : 9789356711853

Design and Setting By
Alpha Editions
www.alphaedis.com
Email - info@alphaedis.com

As per information held with us this book is in Public Domain.
This book is a reproduction of an important historical work. Alpha Editions uses the best technology to reproduce historical work in the same manner it was first published to preserve its original nature. Any marks or number seen are left intentionally to preserve its true form.

Großmütterlein erzählt.

Großmütterlein sitzet zur SommerszeitIm Garten an kühler Linde.Da blühen die Blumen weit und breitUnd nicken im leisen Winde.

Die Sonne geht bald hinab zur Ruh';Es summen die Bienen noch eilig;Die Vöglein singen ein Lied dazu.Wie ist es da schön und heilig!

Großmütterlein winkt; da kommen geschwindDie Kleinen und knieen daneben.Sie küßt auf die Augen ein jedes KindUnd läßt sich die Händchen geben.

„Du liebes, du gutes Großmütterchen, du!Wir bitten und betteln und quälen.Wir lassen dich wahrlich nicht eher in Ruh',Du mußt uns ein Märchen erzählen!"

Großmütterchen sprach: „Nun wohl! Es sei!Ein Neues erzähl' ich euch heute.Ernst geht es und spaßig her dabei.Jetzt still, ihr kleinen Leute!"

Da schweigt das Vöglein; die Biene setztSich still in die Blume tief innen.Die Kinder lauschen tief athmend jetzt;Großmütterlein will ja beginnen.

König Nußknacker und der arme Reinhold.

Weihnachtszeit, du goldne Zeit!Bäume grünen weit und breitWie in warmen Frühlingstagen.Und die Kinderherzen schlagenIn BeglückungO wie fröhlich!In VerzückungO wie selig!Schaut umher! es flimmern da,Schaut umher, es schimmern daKerzen hell in dunkler Nacht,Augen hell in Funkelpracht;Denn es habenAll die GabenReich und glänzend sich enthülltUnd die Brust mit Lust erfüllt.Dankend in der Eltern ArmDrängt sich da der Kinder Schwarm.Froher Jubel weit und breit!Weihnachtszeit, du goldne Zeit!

Aber ach! nicht aller OrtenIst der Tag ein Fest geworden!

Dort im Schnee die Hütte seht,Wie sie so verlassen steht!Armuth, Noth und schwere SorgenWohnen drinnen still verborgen.Mutterhand, so leis und lind,Pflegt ein fieberkrankes Kind,Pflegt den Grünt k e i n froher Weihnachtsbaum,Und k e i n heller KerzenschimmerLeuchtet durch das kleine Zimmer.Aber Liebe sorgt und wachtNoch in später Mitternacht.Manche heiße Thräne rinnt;Mutter betet für ihr Kind.

---

einz'gen lieben Sohn,Schwer erkrankt acht Tage schon.In dem engen stillen Raum

Wenn ihr froh und glücklich seid,O, dann denkt an fremdes Leid!

Späte Nacht ist's. R e i n h o l d liegtSanft in Schlummer eingewiegt.Mutter hat den kranken JungenEndlich in den Schlaf gesungen.

Längst gestorben ist der Vater;Ohne Schützer und BeratherMuß die Wittwe nun alleinIhrem Kinde Alles sein.

Müde schließt sie selbst die Augen,Die so sehr die Ruhe brauchen.Alles schläft so still, so still!

Mäuslein huscht, wohin es will;Kätzlein unter'm Ofen ruhtGar zu gut.'S Vöglein hat den Kopf gesenkt,Weil es nur an Schlafen denkt.Schwach nur brennt der Lampe Licht.Weckt die lieben Schläfer nicht!Wer jetzt etwas fragen will,Frage leise, leise! – Still!

Gesegnet sei der Schlaf der NachtEuch, die ihr sorgenschwer gewacht!

Schlafend ruh'n sie. – Da verbreitetSich ein Lichtglanz hell und klar,Und zum Bett des Kranken schreitetHin ein Knabe wunderbar.Schimmernd leuchtet sein Gewand,

Eine Lilie trägt die Hand,In der blonden Locken GlanzSchmiegt sich leicht ein Blumenkranz.Süß ist seiner Stimme Klang,Seine Worte wie Gesang:

„Du lieber Reinhold, hör' mein Wort!Wach' auf! Du sollst zur Stund' genesen!Dir scheucht ein Wink die Leiden fort.Dein Schmerz sei wie ein Traum gewesen!

Wenn Alles sich auf Erden freut,Wenn alle Engel jauchzend singen,Dann sollst auch du die Festnacht heut'Nicht freudelos allein verbringen.

Steh' auf! Ich will dein Führer sein;Der muntern Lieder weiß ich viele.Ich führ' dich in ein Märchen einUnd zeig' dir wundervolle Spiele."

Es führt nun der Engel den Knaben hinaus,Hinaus aus der Stube, hinweg von dem Haus,Er führt ihn durch Wiesen auf sanftem Weg,Durch Blumengelände und grünes Geheg'.Hinweg war der Winter und alle sein Weh',Verschwunden das Eis, geschmolzen der Schnee.

Die Luft war rein,Voll Sonnenschein;Im Bach der lustige Wellentanz;Rings Frühlingslust und Sommerglanz!Da athmete Reinhold tief und frei,Und alle Krankheit war vorbei.

Und durch ein goldnes Thor hineinIn einen Saal von Edelstein

Da treten Beide. Welche Pracht!Das leuchtet und funkelt bei Tag und Nacht.Der Engel hat dem Knaben jetztEin kleines Kästlein hingesetzt,Und spricht: „Spiel' mit den Häuschen d'rin,Bis daß ich wieder bei dir bin;Und was auch sonst geschehen mag,Es ist für dich ein Freudentag."Er sprach es und verließ den Ort.

Doch Reinhold setzte sich sofort,Und stellte die Häuschen hübsch in Reih'Und grüne Bäume auch dabei;Und mitten, wo es ihm gefällt,Hat er die Kirche hingestellt.

Die Häuslein stehn jetzt prächtig da.Nun gebet Achtung, was geschah!Sie fangen an sich auszustrecken,Sich rechts und links hinaus zu recken,Sie werden höher, werden breiter,Sie wachsen weiter, immer weiter;Die Thür, das Fenster und das Dach,Es wächst das Alles allgemach.Die kleine Kirche schießt empor,Und auch der grüne Baum davor.Was Alles in den Häusern steht,Wächst wie das Kraut im Gartenbeet:Und Schrank und Bett und Tisch und Stuhl,Im Hof das Huhn, die Ent' im Pfuhl,

Der Hund, die Katz', der Ochs im Stall,Die Töpfe und die Schüsseln all';Die Eier wachsen und die Braten;Die Kuchen sind sehr wohl gerathen.Und in den Häusern ganz geschwindWächst Vater, Mutter, Magd und Kind.Doch statt des Saals von EdelsteinSchließt Alles blauer Himmel ein,Und vorn da steht zu jeder Seit'Ein goldner Stuhl, bequem und breit. –Nur Reinhold blieb das, was er war,Ein Bursch von sechs bis sieben Jahr';Er ist vor Staunen starr und stummUnd sieht sich sehr verwundert um.

Und wie nun Reinhold steht und schaut
Und sich nicht rechts, nicht links getraut,
Da schallt von fern durch Markt und Straßen
Ein fröhliches Trompetenblasen.

Dann immer näher klingt's herbei
Laut wie ein jubelnd Lustgeschrei.
Es wirbelt bald, bald tönt es lang
In schmetterndem Trompetenklang,
Und der Trompeter schmuck und bunt
Mit der Trompete an dem Mund
Kommt prächtig blasend hergeschritten
Und stellt sich auf den Platz inmitten.
Die Scheiben klirren; er bläst so froh!
Sein lustig Lied, es lautet so:

„Ich bin der famose Trompeter!
Wie ich, so bläst nicht ein Jeder.
Schnettereng! Schnettereng! Schnettereng!
Es wird mir die Stadt fast zu eng.

Ich blase so fröhlich und schnelle;
Das klinget so weithin und helle!
Trarara! Trarara! Trarara!
Der lust'ge Trompeter ist da!

Nun blas' ich auf Markt und auf Gassen;
Nun müssen sie alles verlassen.
Schnettereng! Schnettereng! Schnettereng!
Da gibt es ein großes Gedräng'.

Aus allen den Winkeln und Ecken,
Und wo sie auch immer nur stecken;
Trarara! Trarara! Trarara!
Sie kommen von fern und von nah'.

Es kommen die Wilden, die Frommen;
Die Blonden, die Braunen, sie kommen.
Schnettereng! Schnettereng! Schnettereng!
Juchheisa! die Kinder in Meng'!"

Nun regt es sich an allen Enden,
Es krabbelt hinter Thür und Wänden;
Von allen Fenstern grüßen, nicken
Die Braunen, Blonden, Schmalen, Dicken;
Und Kinder hier, und Kinder dort,
Und immer mehr, in einem fort;

Von Rechts, von Links, aus Thür und Thor
Ein Strom von Kindern quillt hervor.
Prinz und Prinzessin, wunderfein;
Carl mit der Fahne hinterdrein;
Der Kaspar gar durch's Fenster steigt;
Der Max sich mit dem Drachen zeigt;
Mariechen bringt der Puppen zwei,
Und Bastian seinen Karr'n herbei;
Der Eduard kommt mit Helm und Flint';
Der Jonas trommelt blitzgeschwind.
Zwei Brüder schöne Blumen bringen,
Und alle jubeln, alle singen:

„Reinholdchen,
Du Goldchen!
Wir kommen heran
Zu allerlei Spielen und Tänzen.
Wir winden
Und binden
Dir, kleiner Kumpan,
Viel duftende Blumen zu Kränzen.

Wir freuen
Des neuen
Gespielen uns sehr.
Wir haben dir Vieles zu zeigen.
Wir singen,
Wir springen
Die Kreutz und die Quer,
Wie Vögel in grünen Gezweigen."

Die Kinder spielten manches SpielMit Reinhold, dem dies sehr gefiel.Noch niemals hatte so wie heut'Der arme Junge sich erfreut.

Da kamen plötzlich in die MitteZwei Herren mit sehr stolzem Schritte.Da war zuerst ein weißer Hahn,Trug in der Hand 'ne goldne Fahn';Drauf waren zierlich dargestelltNußblatt und Nuß im blauen Feld.Gar prächtig war der Herr und stolz,Und fast so steif, als wie von Holz.Ein zweiter Gockel trat hervor,Die Schreibefeder hinter'm Ohr;Im schwarzen Rock erschien er hierUnd blickte ernst in sein Papier.Sie krähten laut nach jeder Seit',Und sangen, daß man's hörte weit:

„Kikriki! Macht Platz, macht Platz!Ich bin ein Hahn, und bin kein Spatz;Ich bin kein Spatz, und bin ein Hahn;Jetzt geht erst das Spektakul an!

Der König kommt in dieses Land.Wir machen's Jedermann bekannt;Und Jedermann, so wird verfügt,Muß heiter sein und sehr vergnügt.

Wer murrt und knurrt, und wer nicht lacht,Mit dem wird kurz Prozeß gemacht.Wer nicht mit Lichtern schmückt sein Haus,Dem bläst das Lebenslicht man aus.

Kikriki!Das merken Sie!"

Die beiden Kräher ziehen ab,Und durch die Straßen, tripp und trapp!Kommt's fern her und zuletzt ganz nah';Und endlich steht er wirklich da,Der König, mächtig, schön und groß,Mit Scepter, Kron' und rother Hos'.Ein stolzer Fürst, voll Majestät!Potz Tausend! welche Rarität!

Nun öffnet er den weiten Mund,Thut also seinen Willen kund:

„König Nußknacker, so heiß' ich.Harte Nüsse, die zerbeiß' ich.Süße Kerne schluck' ich fleißig;Doch die Schalen, ei! die schmeiß' ich

Lieber Andern hin,Weil ich König bin.

Aber seid nicht bang!Zwar mein Bart ist lang,Und mein Kopf ist dickUnd gar wild mein Blick;Doch was thut denn das?Thu' kein'm Menschen was;Bin im Herzensgrund,Trotz dem großen Mund,Ganz ein guter Jung',Lieb' Veränderung;Amüsir' mich gernWie die großen Herrn;Arbeit wird mir schwer,Und dann mag ich sehrFrommen Kindersinn,Weil ich König bin.“

Nußknacker schwieg jetzt stille undSchloß seinen großen Königsmund;Doch lärmend kam der ganze HaufenDer Kinder auf ihn zugelaufen.Das war ein helles Lustgeschrei!Die Fahne flattert' hoch und frei,Die Mützen flogen weit empor,Und jubelnd sang der ganze Chor:

„Heil Dir, Du Knupperhanns!Hölzern in Pracht und Glanz!Heil, Knacker, Dir! Beißen, wie Du, wer kann's?Nüsse des Vaterland'sLäßt Du gewiß nicht ganz.Heil, Knacker, Dir!"

Und als das Lied zu Ende war,Da rief die ganze Kinderschaar:„Es lebe hoch! es lebe frohDer König Nußknackeerio!" –Der aber war gerührt gar sehr,Und sprechen konnt' er gar nichts mehr.Die Kron' er von dem Haupte thatUnd grüßte rings voll stummer Gnad'.

Er faßt sich endlich nach und nachUnd spricht zu Reinhold: Guten Tag!Und der sagt frisch und wacker:„Schön Dank, Herr König Knacker!“Der König nimmt hierauf das Wort:„Komm’, setz’ dich in den Sessel dortUnd passe auf, mein liebes Kind!Jetzt kommt mein ganzes Hofgesind’,Und der Soldat zu Fuß und Pferd,Und was noch sonst dazu gehört.Das Alles zieht vorbei allhierMit Artigkeit und mit Manier,Und was von Künsten Jeder weiß,Das zeigt er dir auf mein Geheiß.“ –Sie setzten sich. Auf jeder Seit’Saß Einer in Bequemlichkeit.

Es kamen ZweiZuerst herbei,Ein Rother und ein Grüner;Die machten ihren Diener.Sie hatten schöne Kleider an,Viel gold'ne Schnüre waren d'ran,Und spitze Hütlein trugen sie;Die Augen keck aufschlugen sie.Das waren lust'ge Dinger,Hoftänzer und Hofspringer.Und sie rüttelten sich,Und sie schüttelten sich.

Nun tanzten sie so sonderbar,Daß Alles stumm vor Staunen war.Sie trappelten und zappelten,Daß Arm' und Beine rappelten;Und wie im Takt sie sprangen,Sie auch ein Liedchen sangen:

„Hanselmänner heißen wir,Tausend Possen reißen wir,Und sind kreuzfidel.Schickt herum im deutschen Reich,Keiner thut's uns Beiden gleich,Wahrlich! meiner Seel'!

Tolle Sprünge! Hin und her!Arm' und Beine wackeln sehr,Und es klappert laut.Heuschreck kann es nicht so gut;Flöhchen selbst verliert den Muth,Wenn es so was schaut."

Das Tanzen ist zu Ende jetzt,Die Beiden haben sich gesetzt,Um von der Arbeit auszuruh'nUnd sich etwas zu Gut' zu thun,Weil endlich selbst ein HanselmannVom Springen müde werden kann.Sie hatten Wein zu trinken,Und aßen Brod und Schinken.Die Köpfe wurden roth und warm,Sie lagen sich vergnügt im Arm;Ein Räuschlein hatten Beide schonUnd sangen laut in hellem Ton:„Brüderle! Brüderle!Trink' mir nicht mehr!Köpfle und Beinle sonstWerden zu schwer."Dann tranken sie die Flaschen ausUnd wankten selig fort nach Haus.

Der König sprach: „Ein Jeder kenntMein Leibgardisten-Regiment.Nürnberger sind es, schön verziert;Die kommen nun hierher marschirt."Und was er sagte, es war wahr;Es kam die stolze HeldenschaarIn festem Schritt, mit Trommelschlag;Der Letzte, der ging hinten nach.Sie schwenkten rechts, sie schwenkten links;Bald langsam, bald im Sturmschritt ging's.

Bei ihrem rauhen Kriegsgesang,Da wurde einem angst und bang:„Wir sind wilde Kerle, wir!Schlimmer als das Tigerthier!Seht, das Auge blitzt voll Feuer,Und der Muth ist ungeheuer.Da zittern die Leute an Arm und an Bein:Wir spießen,Wir schießenUnd knallen darein!"

Und als sie wußten gar nichts mehr,Da präsentirten sie's Gewehr.Der Offizier rief laut und barsch:„Blumbumberum! Auseinander! Marsch!"Sie ließen sich's nicht zweimal sagen;Sie spürten Hunger in dem Magen,Und Jeder lief nun ganz geschwindZum Essen heim, zu Weib und Kind.

Nun aber ging es Hopp! Hopp! Hopp!Die Reiter kamen im Galopp.Die Rosse schnaubten weißen Schaum;Die Reiter hielten fest den Zaum.Trompeter blies den Kopf sich roth;Sie sangen in der Herzensnoth:

„Geht aus dem Wege, Weib und Kind!Wir reiten durch die Straßen.Das geht wohl schneller als der WindKommt über's Feld geblasen.

Du frommes Pferdlein, wirf uns nicht,O, wirf uns nicht herunter,Daß Keiner Arm' und Beine bricht,Wie's wohl geschieht mitunter!"

Doch eine Wolke oben hing,Ein schwarzes, schweres Wolkending.

Und endlich hielt die ReitereiIn einer langen schönen Reih';Doch eine Wolke oben hing,Ein schwarzes, schweres Wolkending.

Und in der Wolke saß verstecktHerr Wind, der gern die Leute neckt.Er streckte rasch den Kopf hervorUnd bläst dem Letzten auf das Ohr.

O weh! Was nahm das für ein End'!Am Boden lag das Regiment.Die Reiter schrieen wie am Spieß,Und der Trompeter kläglich blies.

Nußknacker schalt die Stümper ausUnd schickte sie erzürnt nach Haus.„Zum Kuckuck! schrie er, fort! sogleich!In eure Schachtel packt ihr euch!"

Der König sagte weiter,Und wurde sanft und heiter:„Die Kerle sind zu gar nichts nütz'!Jetzt aber kommt mein Leibgeschütz;Das wird den lieben Kindern allenVon allem Spiel zumeist gefallen."

Und die Kanone kam herbei;Man sah, daß sie geladen sei.Mit Zierlichkeit ging her vor ihrEin ganz schneeweißer Kanonier.Es war des Königs Lieblingskoch, Der ganz nach guten Sachen roch;Trug einen Löffel, schön von Holz,Und sang dazu mit großem Stolz:

„Kinder, nehmet euch in Acht,Wenn hier die Kanone kracht!In den Mund und in den MagenWerden euch die Kugeln schlagen.Sonst zwar bin ich Zuckerkoch;Heute kanonier' ich noch.Aufgepaßt! Jetzt geb' ich Feuer!Doch die Kugeln, die sind euer."

Der Kinder Angst war gar zu groß;Da schoß er die Kanone los.Brumbum! – das war ein arger Knall!Die Scheiben klirrten von dem Schall.Der böse Koch hat's gut gemacht;Der Schuß grad' auf die Kinder kracht.Doch that er keinem Einz'gen Schaden;Denn Zuckerwerk war d'rein geladen.Da flogen Nüsse und Rosinen,Und Bretzeln, Mandeln, Apfelsinen,Und süße Dinge allerhand.

Ein Regen war's von Zuckerkand!Dem Kaspar flog es in den Mund,Dem Andern in der Tasche Grund,Dem dritten fiel es in den Schooß.Juchhe! wie war die Lust da groß!Sie rafften auf, sie kauten wacker,Es lachte laut der König Knacker.Die Kinder riefen: „Lieber Koch!Erschieße uns doch einmal noch!"Der aber sprach: „Ihr klugen Leut',Es ist mein Pulver all' für heut'!" –

Nun kamen Klapperstörche, drei,Geflogen durch die Luft herbeiHoch über Kirche, Thurm und Haus.Sie sahen ernsthaft wichtig aus.Ein jeder trug gar sanft und lindEin allerliebstes Wickelkind;Im Schnabel trug er's ganz genau,Eins gelb, eins grün, das dritte blau.Und um den Hals in ihren Taschen,Da war gar mancherlei zum Naschen.Doch Störche plappern gar zu sehr;Da konnten sie nicht schweigen mehr.Die dummen Störche mußten ebenZum Singen ihre Schnäbel heben:

„Wir fliegen über's blaue Meer,Klipp, Klapp!Und bringen kleine Kinder her,Klipp, Klapp!Wir setzen hoch uns auf das Dach,Und lassen sie ganz allgemach Im Schornstein zu der Küch' herab.Klipp, Klapp! Klipp, Klapp!

Nach heißen Landen zieh'n wir fort;Klipp, Klapp!Die lieben Kinder schlafen dort.Klipp, Klapp!Sie schlafen wie im MutterarmIn Blumenkelchen tief und warm.Dann brechen wir die Blumen ab.Klipp, Klapp! Klipp, Klapp!

Wenn wir im Herbst nach Süden gehn,Klipp, Klapp!Dann sprecht: Auf fröhlich Wiedersehn!Klipp, Klapp!Wir bringen euch was Süßes mit,Das Reisetäschlein voll Biskuit.Wir geben's gerne und nicht knapp.Klipp, Klapp! Klipp, Klapp!"

O, Klapperstörche, sagt: WarumSeid ihr denn nicht geblieben stumm?Wahrhaftig, Keiner von euch dachte,Daß er ein Kind im Schnabel brachte.Als ihr den Mund nun aufgesperrt,Da fielen sie herab zur Erd',Und fingen, wie man denken kann,Entsetzlich gleich zu weinen an.

Die armen Wickelkinder nun,Die werden sich wohl Schaden thun?Bewahre! Nein! So geht es nicht,Daß man sich Arm' und Beine bricht!Wie sie am Boden eben sind,Da wachsen sie im Nu, geschwindEmpor zu muntern, lust'gen Jungen,Wie je nur durch das Feld gesprungen,In Kleidern, wie vorher, genau,Eins gelb, eins grün, das dritte blau.Sie halten sich für große LeuteUnd springen ellenhoch vor Freude.Die Störche stehen starr und schauen,Sie können kaum den Augen trauen;Sie sperren auf die Schnäbel weitOb solcher Wunderbarlichkeit.Dann klappern sie ihr StorchenliedUnd fliegen, daß kein Mensch sie sieht.

Es brachten die drei Burschen dannDen schönsten Weihnachtsbaum heran;Der war behangen und geschmücktMit Allem, was das Aug' entzückt.Ein Kerzenlicht auf jedem Ast!Schier brach er von der süßen Last.Goldglöckchen hingen mitten drein,Und Vöglein flogen aus und ein.Wer's sehen konnte, meinte, diesSei wohl ein Stückchen Paradies.Die Buben aber setzten breitSich zu des Baumes Herrlichkeit,Sie aßen hungrig alle dreiDie Schüssel leer mit Hirsebrei.Die goldnen Glocken klangen,Die bunten Vögel sangen:

„Auf den Feldern,In den WäldernManch ein Baum gar prangend steht,Der von lindenFrühlingswindenWird mit Blüthen übersät;

Der in HülleUnd in FülleGoldne Frucht am Zweige trägt;Wo in süßenWechselgrüßenNachtigall und Finke schlägt.

Aber saget,Ob wohl ragetJe ein Baum so voller Pracht,Wie der reiche,Dessen ZweigeStrahlen in der heil'gen Nacht!

Und noch wahrerUnd noch klarerAls die Lichtfluth euch entzückt,Glänzt auf's NeueAll die treueLiebe, die den Baum geschmückt."

Es kam nunmehr ein großer Zug.
Die Arche Noäh war's, die trug
Gar mancherlei Gethier herbei.
Das Alles zog zu zwei und zwei
Fromm aus dem Kasten durch die Stadt,
Ein Zug der kaum ein Ende hat.
Herr Noah ging in ernstem Schritt,

Es gingen Frau und Kinder mit.
Die jüngsten Noahskinder,
Die trappelten dahinter.
Der Regenbogen glänzte sehr,
Und vorn da flog die Taube her.
Und Jedermann und alles Vieh
Sang eine schöne Melodie:

„Nichts als Regen, vierzig Tage!
Regen, Regen immerfort!
Denkt euch, Kinder, welche Plage,
Eingesperrt im Kasten dort!

Eins ist, was wir tröstlich fanden,
Daß es bei uns trocken war,
Während unsre Anverwandten
Sind ertrunken ganz und gar.

Das Ertrinken, das ist gräulich;
So zu sterben ohne Sarg!
In der Arche war's abscheulich;
Aber doch noch nicht so arg."

Der König sprach in mildem TonZu Reinhold jetzt: „Du guter Sohn!Die Sündfluth ist vorüber zwar,Doch böse Buben sind nicht rar;Die sind noch lang' nicht all gewordenUnd finden sich an vielen Orten.Ein sauber Pröbchen kann ich dirIn meinen Pagen zeigen hier.Die Kerlchen sind dir wohlbekannt,Hofschlingel werden sie genannt."Der König winkt'; da kam herbeiDie ganze Struwwelpeterei.

Zuerst zeigt' S t r u w w e l p e t e r sich,Dann kam der b ö s e F r i e d e r i c h ;Der D a u m e n l u t s c h e r lutschte sehr,Der Z a p p e l p h i l i p p hinterherKam mit dem Tischtuch auf dem Rücken;H a n s aber wollt' sich gar nicht bücken,Weil stets sein Blick in Lüften hing;Dann R o b e r t mit dem Schirme ging.Verhungert ganz und sehr elendKam S u p p e n k a s p a r noch am End'.Die Tintenbuben sprangen munterDen Zug hinauf bald, bald hinunter.

Vorüber war auch dieser Zug.
Der König sprach: „Jetzt ist's genug!
Du hast mein ganzes Volk geseh'n;
Ich kann deßhalb nach Hause geh'n.
Ich hab' dir weiter nichts zu zeigen
Und will nunmehr zu Pferde steigen,
Um fort zu reiten auf mein Schloß."

Man brachte ihm das Schaukelroß,
Das Schaukelroß gar reich geschmückt,
Wie's sich für einen König schickt;
Und in den Sattel schwingt er sich,
Ein kühner Reiter, meisterlich.
Er hält am Pferdchen fest sich sehr;
Er schaukelt hin, er schaukelt her.
Doch Reinhold grüßt mit Zierlichkeit
Und spricht mit viel Manierlichkeit:
„O knackerige Majestät!
Es ist mir leid, daß Ihr schon geht.
Zwar Euer Mund ist groß und weit,
Doch größer Eure Gütigkeit."
Der König rief: „Leb' wohl, mein Sohn!"
Und ritt in schnellem Trapp davon.

Reinhold stand jetzt ganz verlassenIn den öden, stillen Gassen.Da erschien in lichtem GlanzMit der Lilie und dem KranzJener Knabe, wunderbar,Der zuerst sein Führer war.Und mit freundlichem GesichtJetzt der Engel zu ihm spricht:

„Laß uns gehn! Das Spiel ist aus.Lieber Reinhold, komm' nach Haus,Daß die Mutter nicht erwachtUnd um dich sich Sorge macht!Doch von all' den schönen Dingen,Die du heute hier geschaut, Will ich dir ein Abbild bringen,Wenn der frühe Morgen graut."

Durch die grünen Wiesen schreitenLeicht hinwandelnd nun die Beiden;Aber Kirche, Stadt und BaumWerden klein, man sieht sie kaum;Winzig Alles ganz und gar,Wie es in dem Kästchen war.

Reinhold tritt beim LampenschimmerIn die Hütte, in sein Zimmer.Ruhig schläft das Mütterlein;Auf den Zehen tritt er ein.Leise legt er schnell sich nieder,Und der Schlaf umfängt ihn wieder.

Als der frühe Morgen grautUnd durch's kleine Fenster schaut,Da erwachen Beide schon,Und die Mutter sieht den Sohn,Der noch eben krank gewesen,Heiter, blühend und genesen.Schönste aller Weihnachtsgaben,Die ein Mutterherz kann haben!Doch in herrlicher VerklärungGlänzt die prächtige Bescheerung.Hundertfacher KerzenscheinFüllt das kleine Zimmerlein.Alles hat in später NachtHier der Engel hergebracht;Weihnachtsbaum in vollem Prangen,Wunderherrlich ausgeschmückt,Und mit Allem reich behangen,Was nur Aug' und Herz entzückt.Da ist auch der Struwwelpeter,Und der lustige Trompeter;Nüsseknacker steht dabei,Hanselmänner sind es zwei,Arche Noäh, Storch und Hahn,Häuser, Kirch' und Baum daran,

Reiterei und Fußsoldaten,Die Kanone scharf geladen,Und daneben auf der Erd'Steht sogar das Schaukelpferd.Reinhold und die Mutter seh'nStaunend all' die Sachen steh'n.

Auch die Katze und die MausGingen heute leer nicht aus.Kätzlein hatte Milch zu lecken;Mäuslein aber in den EckenAn dem Honigkuchen frißt,Drauf ein M von Zucker ist.

Und am Baum die Glocken klingen,Und die gold'nen Vögel singen:

„Nicht grämen sollt ihr euch und sorgen!Gott sendet seine Engel aus.Wen **e r** beschützt, der ist geborgen,Und Frieden wohnt in seinem Haus.

Und heilend auf die tiefsten WundenLegt mild die Hand er allemal,Und mitten in den trübsten StundenTrifft euch der Freude Sonnenstrahl.“